Impressum
Verlag: BABADADA GmbH, Nedderfeld 112 , 22529 Hamburg
Geschäftsführer / Verlagsleitung: Harald Hof
Druck: Books on Demand GmbH, In de Tarpen 42, 22848 Norderstedt

Imprint
Publisher: BABADADA GmbH, Nedderfeld 112 , 22529 Hamburg, Germany
Managing Director / Publishing direction: Harald Hof
Print: Books on Demand GmbH, In de Tarpen 42, 22848 Norderstedt

כיתה
yachaqaywasi

חילק
rak'iy

186/2

לוח
pirqa qillqana

חצר בית ספר
kancha

מורה
yachachiq

נייר
raphi

כתב
qillqay

עט
qillqana

שולחן עבודה
llamk'a jamp'ara

סרגל
chiqanchana

ספר
p'anqa

תלמיד
yachaqaq

---

ילקוט
wayaqa

קלמר
p'uktaki llimp'i qillqana

עיפרון
yana qillqana

מחדד
ñawch'ina

גומי מחיקה
qillqakhituna

חוברת סרטוט
qillqana p'anqa siq'inapaq

 סרטוט

siq'i

 מברשת

chukcha llimp'ina

 קופסת צבעים

p'uktaki llimp'ikuna

 מספריים

k'utuna

 דבק

k'akachana

 ספר תרגול

qillqana p'anqa ruwanakuna

 שיעור בית

kamachinakuna

12

מספר

yupay

2+2

חיבר

yapay

5-2

חיסר

qhichuqay

2×2

הכפיל

mirachay

 חישב

yupanchay

A

אות

sanampa

ABCDEFG HIJKLMN OPQRSTU VWXYZ

אלפבית

sanampakuna

hello

מילה

simi rimay

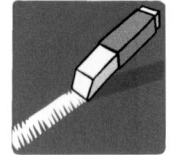

טקסט

qillqa

קרא

ñawiriy

גיר

iskuna

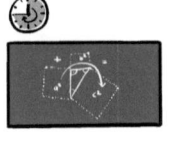

שיעור

yachachina

יומן נוכחות

qillqana p'anqacha

מבחן

chaninchana

תעודה

certificaru

תלבושת בית ספר

uniforme

חינוך

yachay

אנציקלופדיה

jatun simi pirwa

אוניברסיטה

Jatun yachaywasi

מיקרוסקופ

microscopio

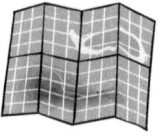

מפה

saywa siq'i

סל נייר

raphi chuqana

# נסיעה

## ch'usay

מלון
tampu wasi
הוסטל
qurpa wasi
המרת מטבע
qullqi rantina wasi
מזוודה
p'acha churana
אוטו
kuchi

שפה
simi

כן / לא
ari / mana

בסדר
ari

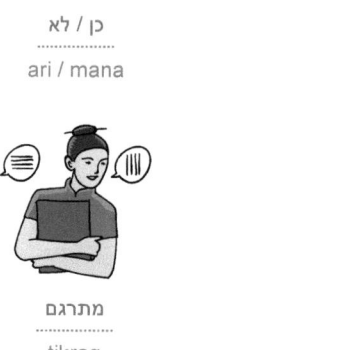

שלום
Imaynalla

מתרגם
tikraq

תודה
Pachi

כמה עולה.....?

¡Machkhataq?

אני לא מבין

Mana yachanichu

בעיה

ch'ampay

ערב טוב!

¡Allin tuta!

בוקר טוב!

¡Allin P'unchaw!

לילה טוב!

¡Allin tuta!

להתראות

tinkunakama

כיוון

pusachay wasi

כבודה

q'ipi

תיק

wayaqa

תרמיל גב

wasa wayaqa

אורח

jamuynisqa

חדר

wasi

שק שינה

puñunapaq wayaqa

אוהל

tienda

מרכז מידע לתיירים
turismu willakuy

חוף ים
quchapata

כרטיס אשראי
tarjita kriditumanta

ארוחת בוקר
paqarin mikhuy

ארוחת צהריים
chawpi p'unchaw mikhuy

ארוחת ערב
tuta mikhuy

כרטיס
qullqi

מעלית
makina wicharinapaq

בול
unanchana

גבול
saywa

מכס
adwana

שגרירות
imwajada

אשרה
visa

דרכון
pasapurti

# תחבורה

# astana

מטוס
lata p'isqu
אונייה
wamp'u
כבאית
bumbiru kuchi
משאית
kamiun
אוטובוס
awtuwus
סירת מנוע
mutur wamp'u
אופניים
wisiklita
אוטו
kuchi

מעבורת
..................
quchacha

סירה
..................
wamp'u

אופנוע
..................
mutu

ניידת משטרה
..................
pulisiyap autun

מכונית מרוץ
..................
usqay karru

רכב שכור
..................
kuchi manukuna

מכוניות בשיתוף

kuchi manu

אוטו גרר

grua

משאית זבל

q'upa kamiun

מנוע

mutur

דלק

gasulina

תחנת דלק

gasulinamanta istasiun

תמרור

chakatana sanampa

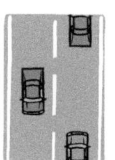

תנועה

trajiku

פקק תנועה

chakatana

חניה

istasiun

תחנת רכבת

trin estasiun

פסי רכבת

ñankuna

רכבת

trin

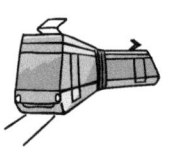

רכבת קלה

tranwia

קרון

wagun

מסוק

ilikuptiru

שדה-תעופה

lata p'isqu kiti

מגדל

pukara

נוסע

pasaqlla

קונטיינר

jatun p'uktaki

קרטון

karton p'uktaki

עגלה

kapachu

סל

isanka

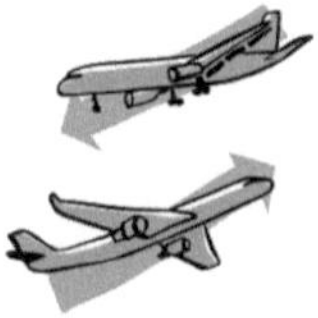

המראה / נחיתה

phaway / uray

## עיר

## llaqta

כפר

llaqta

מרכז העיר

chawpi jatun llaqta

בית

wasi

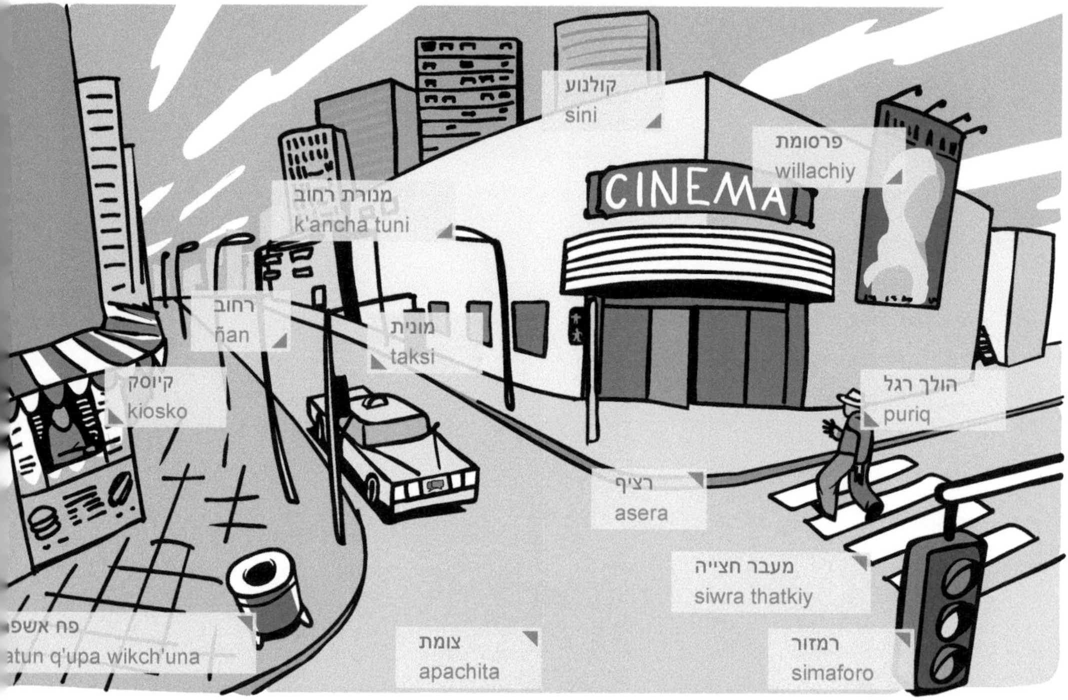

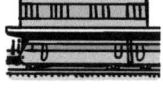

קולנוע
sini

פרסומת
willachiy

מנורת רחוב
k'ancha tuni

רחוב
ñan

מונית
taksi

קיוסק
kiosko

CINEMA

הולך רגל
puriq

רציף
asera

מעבר חצייה
siwra thatkiy

פח אשפ...
...atun q'upa wikch'una

צומת
apachita

רמזור
simaforo

בקתה
ch'ullka

דירה
apartamento

תחנת רכבת
trin estasiun

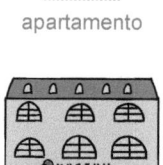

עירייה
tantanakuy wasi

מוזיאון
rikuchina wasi

בית ספר
yachay wasi

אוניברסיטה

Jatun yachaywasi

בנק

qullqi pirwa

בית חולים

Jampina wasi

מלון

tampu wasi

בית מרקחת

jampi ranqhana wasi

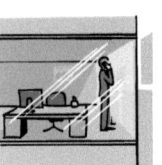

משרד

ujisina

חנות ספרים

p'anqa pirwa

חנות

tienda

חנות פרחים

t'ika wasi

סופרמרקט

jatun qhatu

שוק

qhatu

כל-בו

jatun pirwa

מוכר דגים

challwa wasi

קניון

jatun rantina wasi

נמל

wamp'u qhispinan

פארק

jark'asqa chiqan

ספסל

qullqi pirwa

גשר

chaka

מדרגות

wichana

רכבת תחתית

metro

מנהרה

suqhu

תחנת אוטובוס

autuwus sayana

בר

bar

מסעדה

mikhuna wasi

תא דואר

illa qillqa juch'uy wanqara

שלט רחוב

t'uqsi tuni

מדחן

parkimetro

גן חיות

jatun uywa kancha

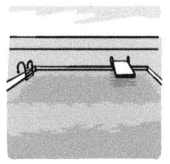

בריכת שחיה

armakuna

מסגד

meskita

חווה
chakra wasi

זיהום
pacha unquchiq

בית עלמין
Aya pampa

כנסייה
iñiy wasi

מגרש משחקים
pukllana kancha

בית מקדש
Qhapana

## נוף
## wanlla

עלה
raphi

תמרור
sanampa

דרך
ñan

מרעה
waylla

אבן
rumi

עץ
sach'a

מטייל
puriq runa

נהר
mayu

דשא
sach'a

פרח
t'ika

בקעה
qhichwa

הר
muqu

אגם
qucha

יער
Sach'a sach'a

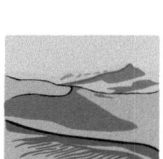

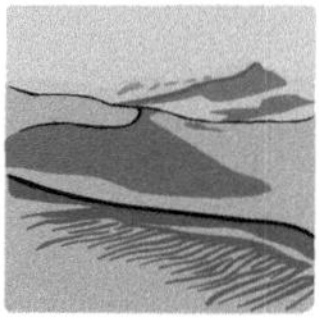

מדבר
purun

הר געש
nina phuqchiq urqu

טירה
kastilla wasi

קשת בענן
k'uychi

פטריה
champiñun

דקל
chunta

יתוש
ch'uspi

זבוב
ch'uspi

נמלה
sik'imira

דבורה
wara

עכביש
kusi kusi

חיפושית

ch'iqi

צפרדע

k'ayra

סנאי

artilla

קיפוד

askanku

ארנב

liwre

ינשוף

ch'usiqa

ציפור

p'isqu

ברבור

yuku p'isqu

חזיר בר

sintiru

צבי

sierwu

אייל הקורא

alsi

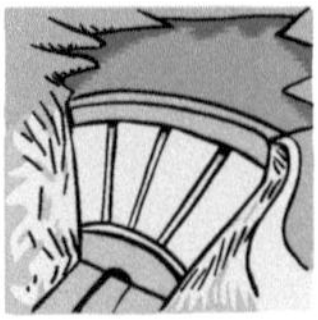

סכר

waykhasqa

טורבינת רוח

wayrakallpa

פנל סולארי

inti panil

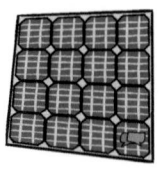

אקלים

pacha wayra

# מסעדה

## mikhuna wasi

מלצר
wayna yanapaq
תפריט
menu
כסא
tiyana
מרק
supa
פיצה
pitsa
סכו"ם
tumina
מפת שולחן
mast'a jamp'ara

מנת פתיחה
ñawpaq mikhuna

מנה עיקרית
yari mikhuna

קינוח
mikhuy yapa

שתיות
upyanakuna

אוכל
mikhuna

בקבוק
wutilla

מזון מהיר

saqra ura

אוכל רחוב

kalli mikhuna

קנקן תה

te churana

מסכרת

misk'i churana

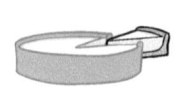

מנה

chhika

מכונת אספרסו

cajitira iksprisu

כסא תינוק

jatun tiyana

חשבון

yupay

מגש

bandija

סכין

tumi

מזלג

tinidur

כף

wislla uña

כפית

juch'uy wislla uña

מפית

simi pichana

כוס

qhispi akilla

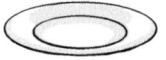

צלחת
chuwa

קערת מרק
chuwa

תחתית
chuwa

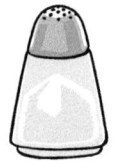

רוטב
salsa

מלחייה
kachi churana

מטחנת פלפל
pimienta kutana

חומץ
k'allkucha

שמן
llukllu

תבלינים
ch'aki q'mirkuna

קטשופ
ketchup

חרדל
mostaza

מיונז
mayonisa

# סופרמרקט

## jatun qhatu

מבצע
kusa ranqhanapaq
לקוח
rantiq
מוצרי חלב
willalli
פירות
puquy
עגלת קניות
rantina karro

אטליז
aicha wasi

מאפייה
t'anta wasi

שקל
llasay

ירקות
q'umirkuna

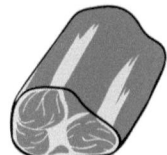

בשר
aycha

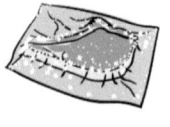

מזון קפוא
chhullunka mikhuna

בשר קר

quqawi

שימורים

mikhuna unaychasqa

אבקת כביסה

ditirjinti

ממתקים

misk'ikuna

מוצרי בית

wasimanta pruduktu

חומר ניקוי

maylla produkto

מוכרת

ranqhaq

קופה

kartun p'uktaki

קופאי

kajiru

רשימת קניות

sinru qillqa rantina

OPEN

שעות פתיחה

sumaq runa uyarina phani

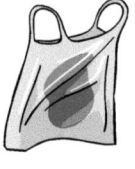

ארנק

qullqi wayaqa

BANK XY

כרטיס אשראי

tarjita kriditumanta

תיק

plastiko wayaqa

שקית ניילון

plastiku wayaqa

# שתיות

# upyanakuna

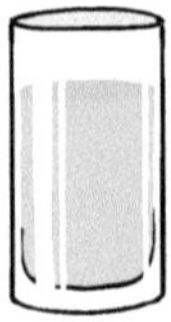

מים

yaku

מיץ

jilli

חלב

ch'awa

קולה

coca cola

יין

vino

בירה

sirwisa

אלכוהול

alkula

קקאו

kakawu

תה

te

קפה

caji

אספרסו

iekspisu

קפוצ'ינו

capuchinu

בננה

..................

platanu

תפוח

..................

mansana

תפוז

..................

laranja

אבטיח

..................

milun

לימון

..................

limun

גזר

..................

sanawrya

שום

..................

aju

במבוק

..................

wamwu

בצל

..................

siwulla

פטריות

..................

champiñun

אגוזים

..................

awillana

אטריות

..................

jirius

ספגטי

ispawiti

אורז

arrus

סלט

sarsa

צ'יפס

papa kanka

צ'יפס

papa kanka

פיצה

pitsa

המבורגר

amwirkisa

כריך

sanwich

שניצל

jiliti

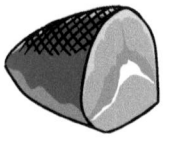

שינקין

jamun

סלאמי

salami

נקניקיה

salchicha

עוף

chichilu

טיגון

aycha kanka

דג

challwa

שיבולת שועל

p'aqa awina

מוזלי

muesli

קורנפלקס

p'aqa sara

קמח

jak'u

קרואסון

krwasan

לחמנייה

k'awka

לחם

t'anta

טוסט

t'anta jamk'a

עוגיות

khamuna

חמאה

mantikilla

גבינה לבנה

ñuqñu

עוגה

pastil

ביצה

runtu

ביצת עין

runtu kanka

גבינה

masara

דבש

wayrunq'u misk'i

סוכר

misk'i

גלידה

chullunka misk'i

קארי

kurri

ממרח נוגט

krima turrunmanta

ריבה

mirmilara

# חווה

## chakra wasi

chakra wasi
חבילת שחת
ichu q'ipi
אסם
ch'aska pirwa
שדה
chakra
סוס
kawallu
עגלת נגרר
rimulki
סייח
wayna kawallu
טרקטור
traktor
חמור
asnu
כבש
uchka
טלה
uchka

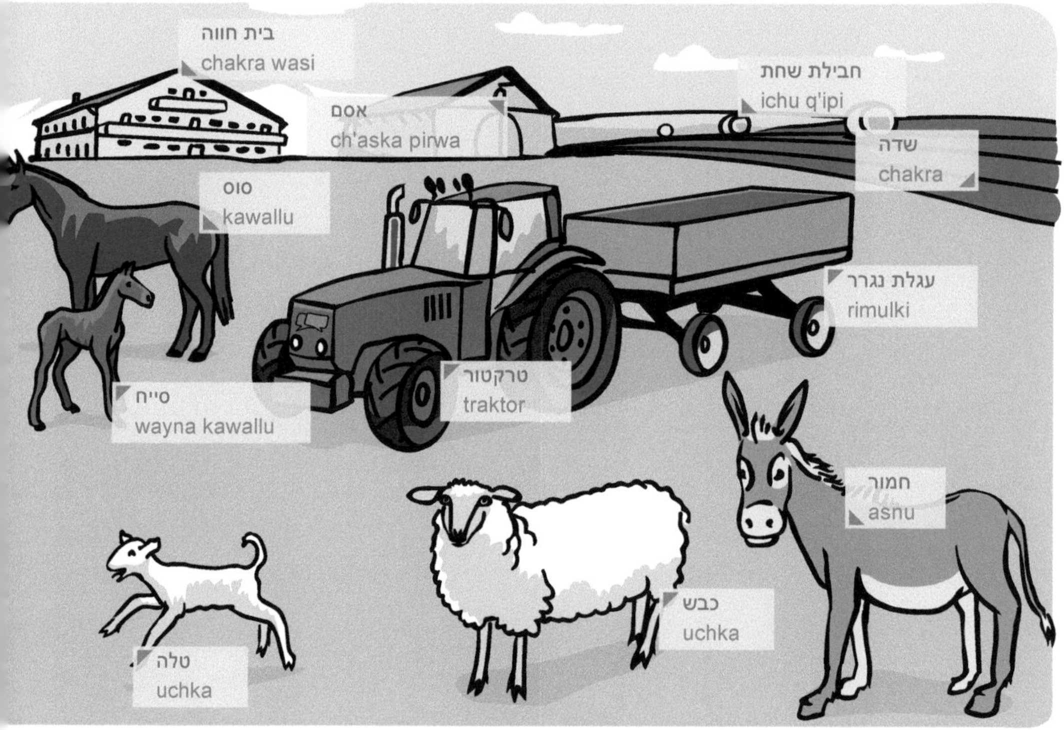

עז
karwa

פרה
waka

עגל
waka uña

חזיר
khuchi

חזרזיר
khuchi uña

שור
turu

אווז
wallata

ברווז
pili

אפרוח
chchilu

תרנגולת
wallpa

תרנגול
k'anka

חולדה
jatun juk'ucha

חתול
misi/michi

עכבר
juk'ucha

שור
turu

כלב
alqu

מלונה
alquwasi

צינור השקיה
mankira

קנקן מים
qarpana jalp'a

חרמש
rutuna

מחרשה
taklla

מגל
rutuna

מגרפה
liwk'ana

קלשון
sipina

גרזן
ayri

מריצה
kapachu

שוקת
yaku upyana

כד חלב
willalli purunku

שק
jatun wayaqa

גדר
jark'aq ch'ipa

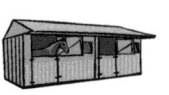

אורווה
kancha wasi

חממה
inwirnadiru

אדמה
pampa

זרע
muju

דשן
wanu

מקצרה
makina allana

קצר

allay

קציר

allay

בטטה אפריקנית

ñame

חיטה

tiriwu

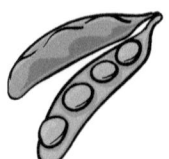

סויה

soya

תפוח אדמה

papa

תירס

sara

קנולה

kulsa luru

עץ פירות

wayu sach'a

קסבה

mandiuka

דגנים

ch'aki puquy

# בית

## wasi

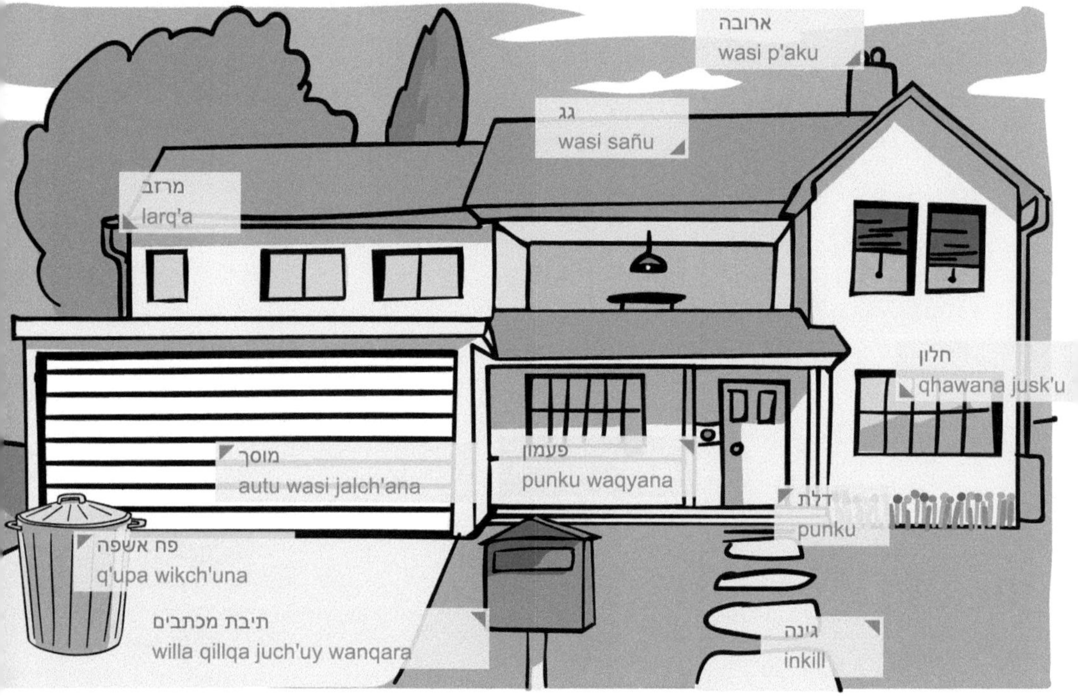

ארובה
wasi p'aku
גג
wasi sañu
מרזב
larq'a
חלון
qhawana jusk'u
מוסך
autu wasi jalch'ana
פעמון
punku waqyana
דלת
punku
פח אשפה
q'upa wikch'una
תיבת מכתבים
willa qillqa juch'uy wanqara
גינה
inkill

מטבח

wayk'una wasi

חדר אמבטיה

akana wasi

סלון

k'illi wanlla

חדר אוכל

mikhuna k'uchu

חדר ילדים

wawa k'uchu

חדר שינה

puñuna wasi

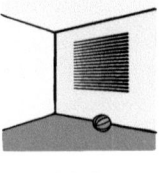

רצפה

pampa

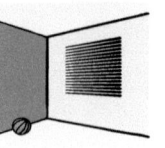

קיר

pirqa

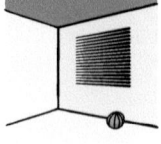

תקרה

wasip khatan

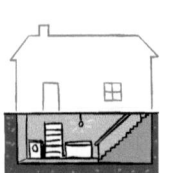

מרתף

wasi ukhun

סאונה

sawna

מרפסת

walkun

מרפסת

pirqa

בריכה

armakuna

מכסחת דשא

k'achina

סדין

iqana

כיסוי מיטה

khatana

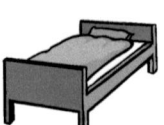

מיטה

puñuna

מטאטא

pichana

דלי

yaku aysana

מפסק

k'ancha jap'ichiq

# סלון

## k'illi wanlla

טפט
raphi llimp'isqa
תמונה
lanti
מנורה
k'anchana
מדף
p'anqa jallch'ana
ארון
churakuna
טלוויזיה
tele
אח
wasi p'aku
פרח
t'ika
כרית
sawna
ספה
sufa
אגרטל
p'uñu
שלט רחוק
kuntrul remoto

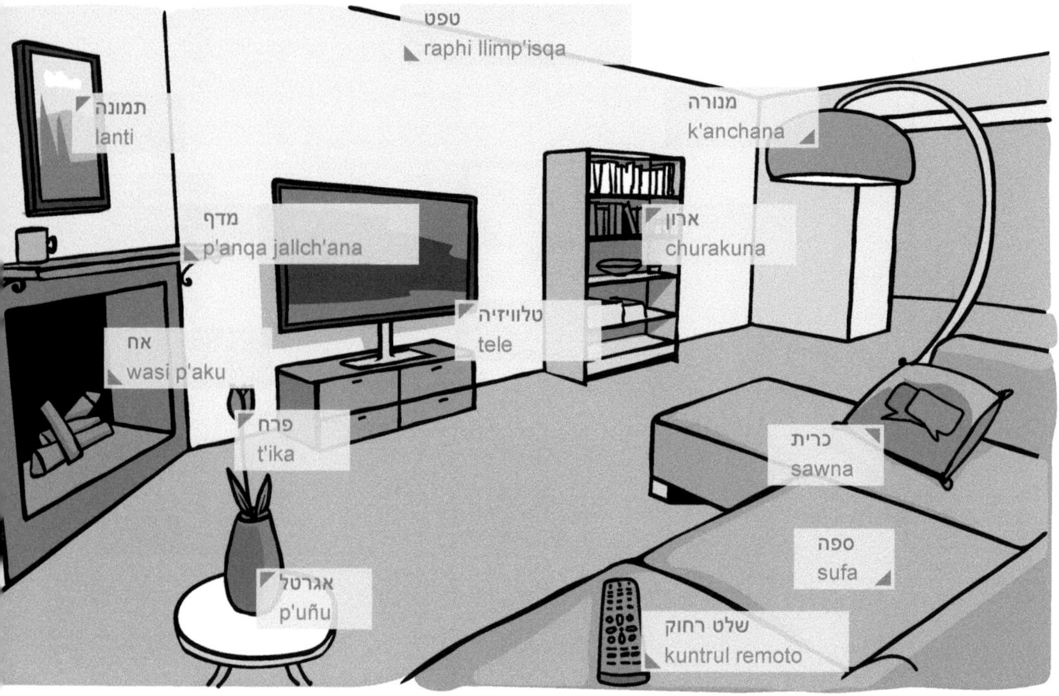

שטיח
pampa mast'ana

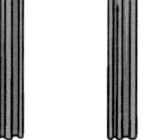

וילון
arapa

שולחן
jamp'ara

כסא
tiyana

כיסא נדנדה
chhuku tiyana

כורסה
kirana

ספר

p'anqa

שמיכה

mast'a

דקורציה

t'ikanchay

עצי הסקה

llamt'a

סרט

pelikula

מערכת סטריאו

takina ekipu

מפתח

ch'atana

עיתון

mit'awa

ציור

llimp'i

פוסטר

poster

רדיו

wayra simi

מחברת

qillqana p'anqa

שואב אבק

aspiradora

קקטוס

pukru

נר

ispilma

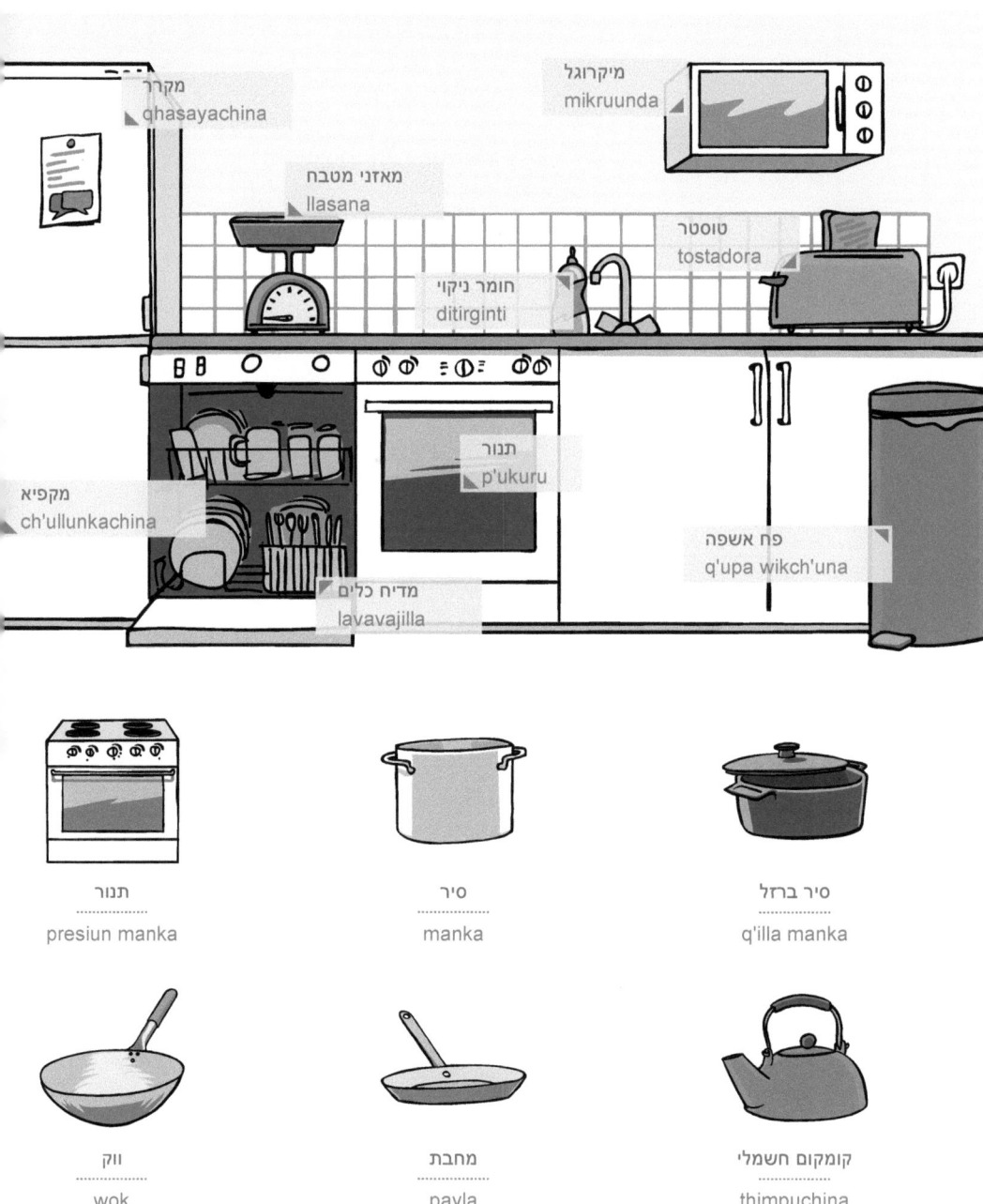

# מטבח

## wayk'una wasi

מקרר
qhasayachina
מיקרוגל
mikruunda
llasana
טוסטר
tostadora
חומר ניקוי
ditirginti
תנור
p'ukuru
מקפיא
ch'ullunkachina
פח אשפה
q'upa wikch'una
מדיח כלים
lavavajilla

תנור
presiun manka

סיר
manka

סיר ברזל
q'illa manka

ווק
wok

מחבת
payla

קומקום חשמלי
thimpuchina

| מאדה | מגש אפייה | כלי אוכל |
|---|---|---|
| wapsina | p'ukuru punku | vajilla |

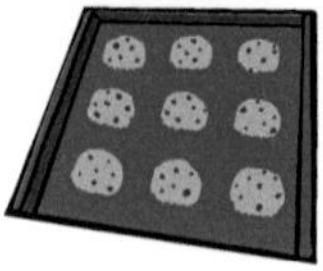

| ספל | קערה | צ'ופסטיקס |
|---|---|---|
| tasa | tason | palillo |

| מצקת | מרית | מטרפה |
|---|---|---|
| wislla | phusuqa urquna | qaywina |

| מסננת בישול | מסננת | מגרדת |
|---|---|---|
| isanka | suysuna | thupana |

| מכתש | גריל | מדורה |
|---|---|---|
| kutana | kawitu | nina jap'ichina |

**קרש חיתוך**

k'ullu kuchunapaq

**מערוך**

tuquru

**פותחן פקקים**

sacacurchu

**פחית**

lata

**פותחן קופסאות**

lata kichana

**מטלית**

jap'ina

**כיור**

chuwa mayllana

**מברשת**

sipillu

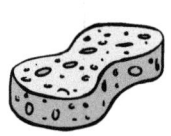

**ספוג**

ispunja

**בלנדר**

watidora

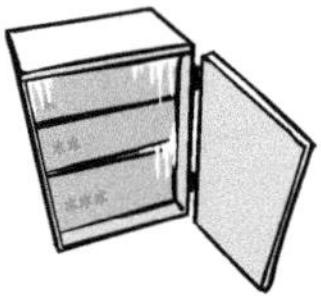

**מקפיא**

ch'ullunkachina

**בקבוק לתינוק**

biberon

**ברז**

grifo

# חדר אמבטיה
# akana wasi

מקלחת
armana
חימום
kalefaksiun
מגבת
ch'akina
וילון מקלחת
arapa
אמבטיית קצף
phusuqa mayllana
אמבטיה
bañera
כוס
qhispi akilla
מכונת כביסה
makina mayllana
ברז
grifo
אריחים
azulijo
סיר לילה
manka jisp'ana
כיור
chuwa mayllana

אסלה

akana

אסלת כריעה

yakupaka

בידה

bidet

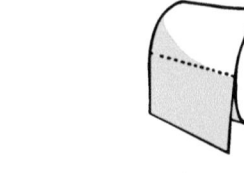

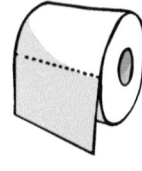

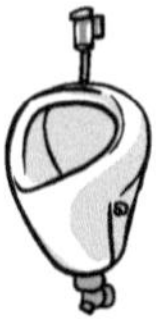

משתנה

jisp'ana

נייר טואלט

papel higieniku

מברשת אסלה

water pichana

מברשת שיניים

kiru khituna

משחת שיניים

kiru pasta

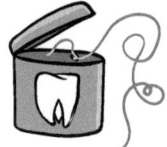

חוט דנטלי

kiru q'aytu

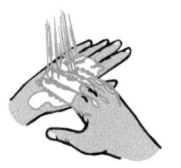

שטף

mayllay

מקלחת יד

armana makiwan

צינור שטיפה לשירותים

armana

קערת רחצה

pila

מברשת גב

wasa cepillo

סבון

t'arta

ג'ל רחצה

llukllu armanapaq

שמפו

champu

ליפה

ch'akina

ניקוז

ch'chi yaku wikch'una

קרם

krima

דיאודורנט

kuntu wayllak'upaq

מראה

qhispi

מראת יד

qhawakunaqhispi

סכין גילוח

mumikuna

קצף גילוח

phusuqu mumikunapaq

אפטרשייב

lusiun mumikunapaq

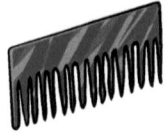

מסרק

sikrana

מברשת

kuiru khituna

מייבש שיעור

sekadora

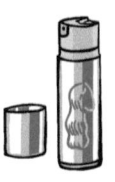

ספריי לשיער

ispray

איפור

makillaji

שפתון

simi llimp'ina

לק

llimp'i sillu

צמר גפן

ampi

מספריים לציפורניים

sillu k'utuna

בושם

untu

תיק כלי רחצה

wayaqa ch'usanapaq

שרפרף

chukuna

משקל

aysana

חלוק רחצה

bata

כפפות גומי

maki wayaqa gumamanta

טמפון

tampon

תחבושת סניטרית

raphi ch'akina

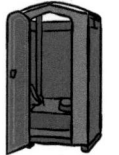

שירותים כימיקליים

akanapaq tiyana kimiku

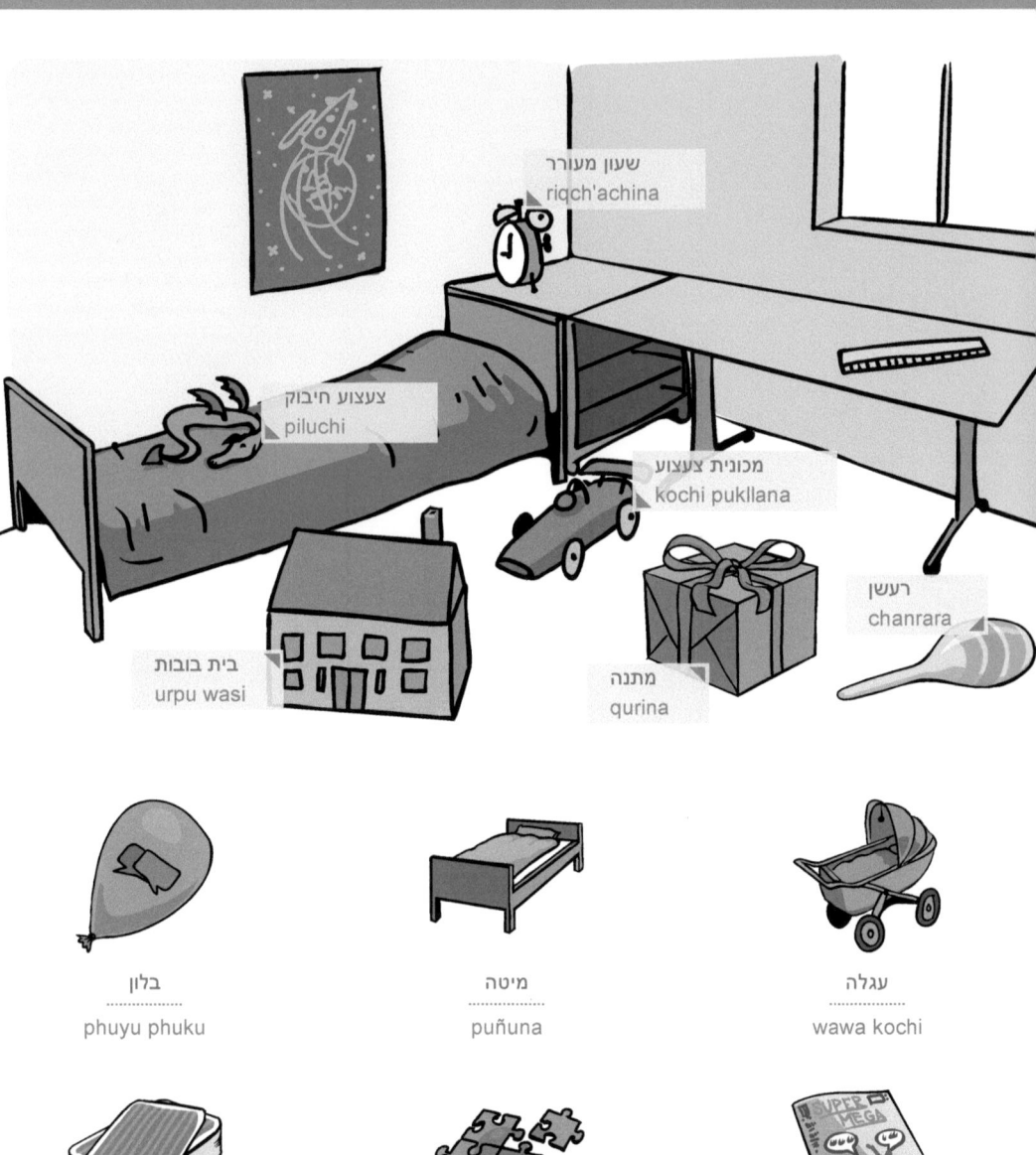

# חדר ילדים

## wawa k'uchu

שעון מעורר
riqch'achina
צעצוע חיבוק
piluchi
מכונית צעצוע
kochi pukllana
רעשן
chanrara
בית בובות
urpu wasi
מתנה
qurina

בלון
phuyu phuku

מיטה
puñuna

עגלה
wawa kochi

משחק קלפים
naypi

פאזל
pusli

קומיקס
riwista

לגו
legukuna

קוביות משחק
wluki pukllana

דמות משחק
figura aksionmanta

סרבל תינוקות
wuri wawapaq

פריזבי
friswi

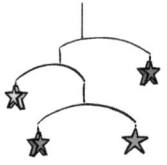

נייד
wawa marq'a

משחק לוח
jamp'ara pukllana

קוביה
dado

רכבת צעצוע
trin iliktriko purina

מוצץ
maniki

מסיבה
raymi

אלבום תמונות
futu p'anqa

כדור
p'ulu

בובה
urpu

שיחק
pukllay

ארגז חול

t'iyu p'utaki

נדנדה

wallunk'a

צעצועים

pukllana

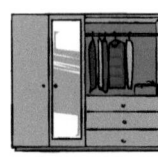

קונסולת משחקים

wiriukunsula

אופניים תלת גלגלי

trisiklu

דובון

jukumari pukllana

ארון בגדים

p'acha jallch'ana

## בגדים

## p'acha

גרביים

chakiwayaqa

גרביונים

chakiwayaqa qharipaq

גרביון

chakiwayaqa

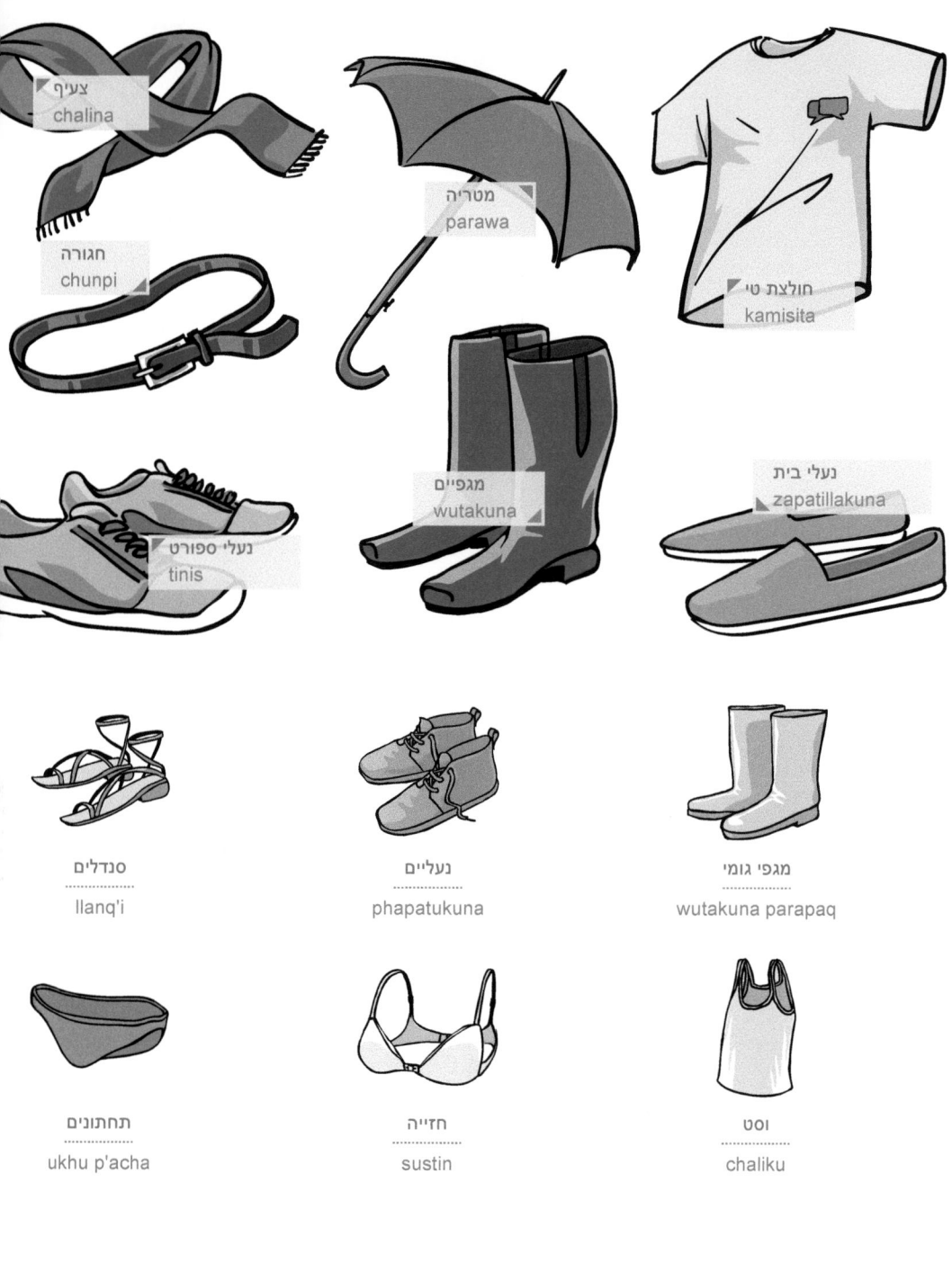

צעיף
chalina

מטריה
parawa

חולצת טי
kamisita

חגורה
chunpi

נעלי בית
zapatillakuna

מגפיים
wutakuna

נעלי ספורט
tinis

סנדלים
..............
llanq'i

נעליים
..............
phapatukuna

מגפי גומי
..............
wutakuna parapaq

תחתונים
..............
ukhu p'acha

חזייה
..............
sustin

וסט
..............
chaliku

גוף
wuri

מכנסיים
pantalu kurtu

ג'ינס
wakiru

חצאית
arphi

חולצה מכופתרת
wulusa

חולצה
kamisa

אפודה
chumpa

סווצ'ר עם קפוצ'ון
chumpa

בלייזר
blazer

ז'קט
chakita

מעיל
qhata

מעיל גשם
yawardina

תלבושת
traji

שמלה
wistiru

שמלת כלה
wistiru nowiamanta

חליפה
traji

כותונת לילה
kamisun

פיג'מה
piyama

סארי
sari

מטפחת ראש
wandana

טורבן
turbante

בורקה
burka

קאפטן
kaftan

עבאיה
abaya

בגד ים
traje mayllakunapaq

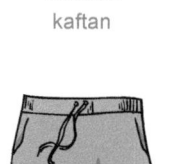

בגד ים
p'acha mayllakunpaq

מכנסיים קצרים
kurtu

בגד אימון
p'acha tukuy p'unchawpaq

סינר
dilantal

כפפות
makiwayaqa

כפתור

ch'itana

משקפיים

gafakuna

צמיד יד

maki watana

שרשרת

wallqa

טבעת

siwi

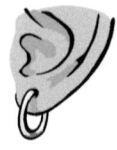

עגיל

linri quri

כובע

q'aspa

קולב

p'acha warkhuna

כובע

chharara

עניבה

kurbata

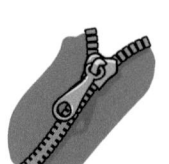

רוכסן

pantalu wisk'ana

קסדה

kasku

כתפיות

tirantikuna

תלבושת בית ספר

uniforme

מדים

uniformi

מפית אוכל

llawsanapaq

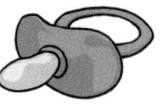

מוצץ

maniki

חיתול

jananta

# משרד
## ujisina

שרת
yanapakuq
תיקייה
jatun raphi jallch'ana
מדפסת
impresora nisqa
נייר
raphi
מסך
computadura qhawana
עכבר
juk'ucha
שולחן עבודה
llamk'a jamp'ara
תיק
raphi churana
מקלדת
tekladu
כסא
tiyana
סל נייר
raphi chuqana
מחשב
computarura

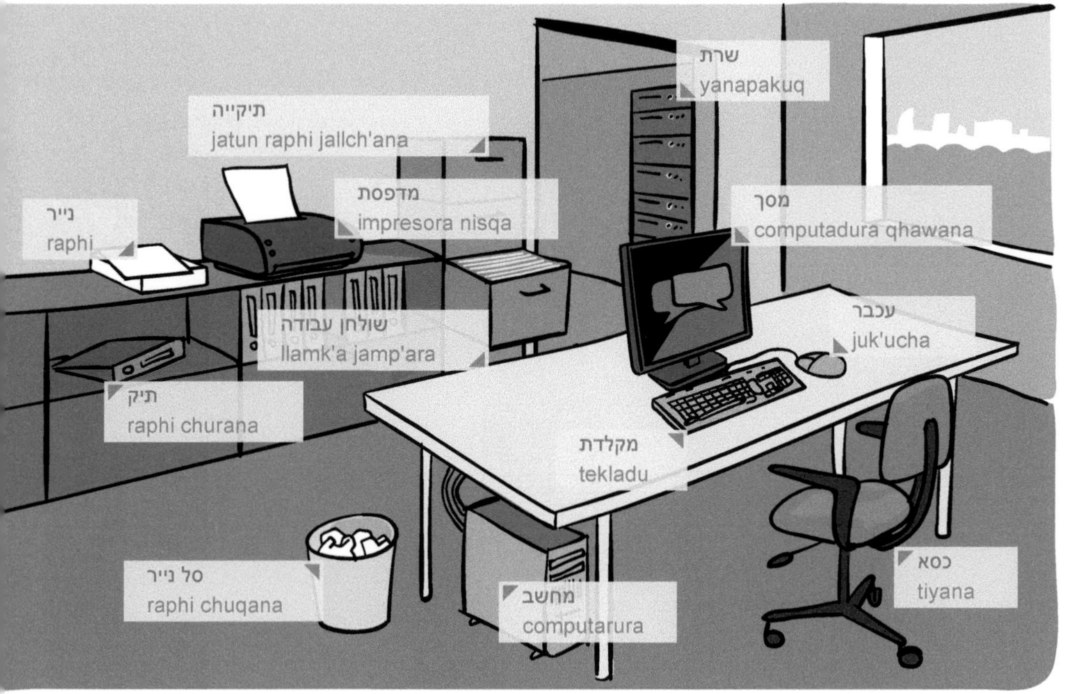

ספל קפה

tasa cajimanta

מחשבון

calcularura

אינטרנט

intirnit

מחשב נייד

laptop

מכתב

chaki qillqa

הודעה

willachiy

נייד

silular

רשת

red

מכונת צילום

futukopia

תוכנה

software

טלפון

tilijunu

שקע

toma corriente

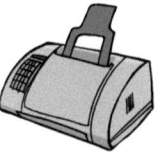

פקס

faks

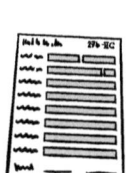

טופס

jurmulario

מסמך

asuy qillqa

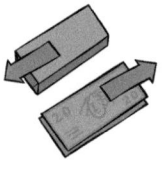

# כלכלה
## qullqikamay

קנה
.................
ranqhay

שילם
.................
qupuy

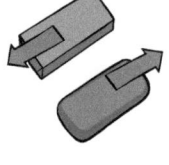

סחר
.................
ranqhay

כסף
.................
qullqi

דולר
.................
dólar qullqi

יורו
.................
iwro qullqi

JPY

ין
.................
yen qullqi

רובל
.................
ruwlu qullqi

פרנק שווייצרי
.................
juranku swisu qullqi

CNY

יואן רנמינבי
.................
rinminwi qullqi

INR

רופי
.................
rupia qullqi

ATM

כספומט
.................
kajiru awtumatiku

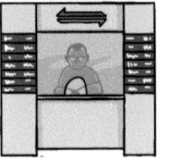

המרת מטבע
.........
qullqi rantina wasi

זהב
.........
quri

כסף
.........
qullqi

נפט
.........
pitruliu

אנרגיה
.........
kallpa

מחיר
.........
yupa

חוזה
.........
mink'ay

מס
.........
impuistu

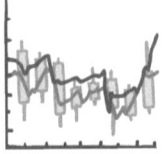

מנייה
.........
aksiun

עבד
.........
llamk'ay

עובד
.........
llamk'achiq

מעסיק
.........
llamk'achiq

מפעל
.........
puquchiy kiti

חנות
.........
tienda

# מקצועות
## llamk'aykuna

שוטר
ajinti policiamanta
כבאי
wumwiru
טבח
wayk'uq
רופא
jampi kamayuq
טייס
pilutu

גנן

inkill kamayuq

נגר

llaqllaykamayuq

תופרת

siraykamayuq

שופט

khuskachaq

כימאי

jampi ranqhaq

שחקן

aranwaq

נהג אוטובוס

awtuwus q'iwiq

נהג מונית

taksi q'iwiq

דייג

challwakamayuq

עובדת נקיון

pichaq

מתקן גגות

wasip qhatan

מלצר

wayna yanapaq

צייד

chakuykamayuq

צייר

llimp'iq

אופה

t'antiri

חשמלאי

iliktrisista

עובד בניין

llam'kaq

מהנדס

k'llikacha

קצב

ñak'aq

אינסטלטור

yaku kamayuq

דוור

qillqa apaq

חייל

awqakuq

אדריכל

wasikamayuq

קופאי

kajiru

מוכר פרחים

t'ikachaq

ספר

chukcharutuq

כרטיסן

q'iwichiq

מכונאי

mikaniku

קברניט

wamink'a

רופא שיניים

kirukamayuq

מדען

jamawt'a

רב

rawinu

אימאם

k'askachimuq

נזיר

munji

כומר

tata kura

# כלי עבודה
## ruk'awi

פטיש
takana
צבת
alikati
מברג
disturnilladur
מפתח ברגים
kichakuq
פנס
k'anchana

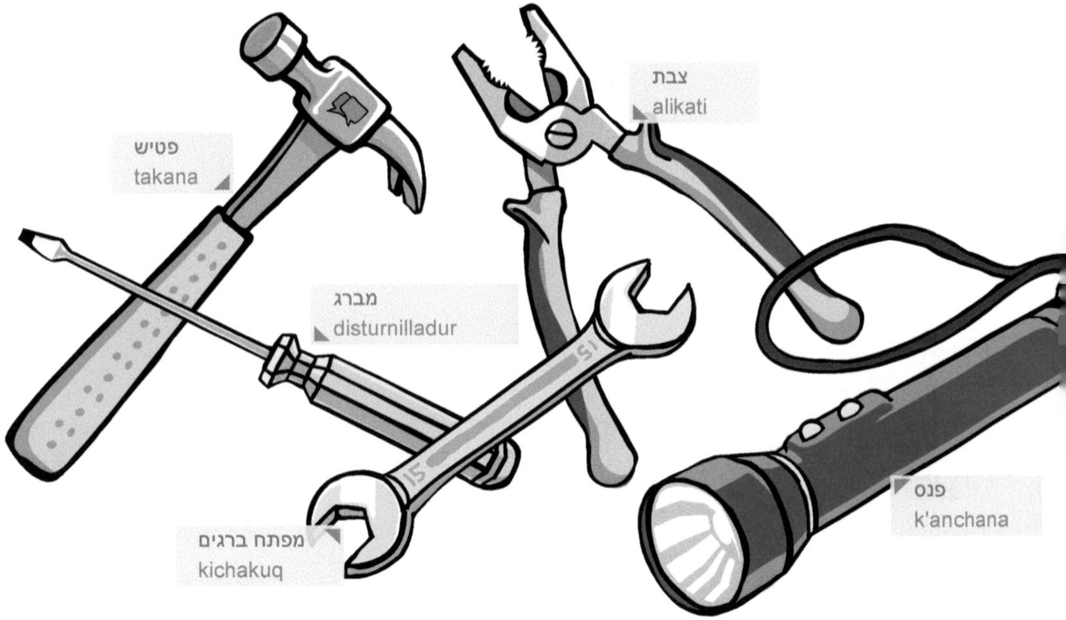

דחפור
ikskawadura

ארגז כלים
ruk'awi p'uktaki

סולם
wichana makiyuq

מסור
sierra

מסמרים
takarpu

מקדחה
talaru

תיקן

allinchay

את חפירה

lampa

לעזאזל!

¡Supay apachun!

יעה

q'upa tantana

פח צבע

llimp'i churana

ברגים

turnillukuna

## כלי נגינה
## takichiy nakuna

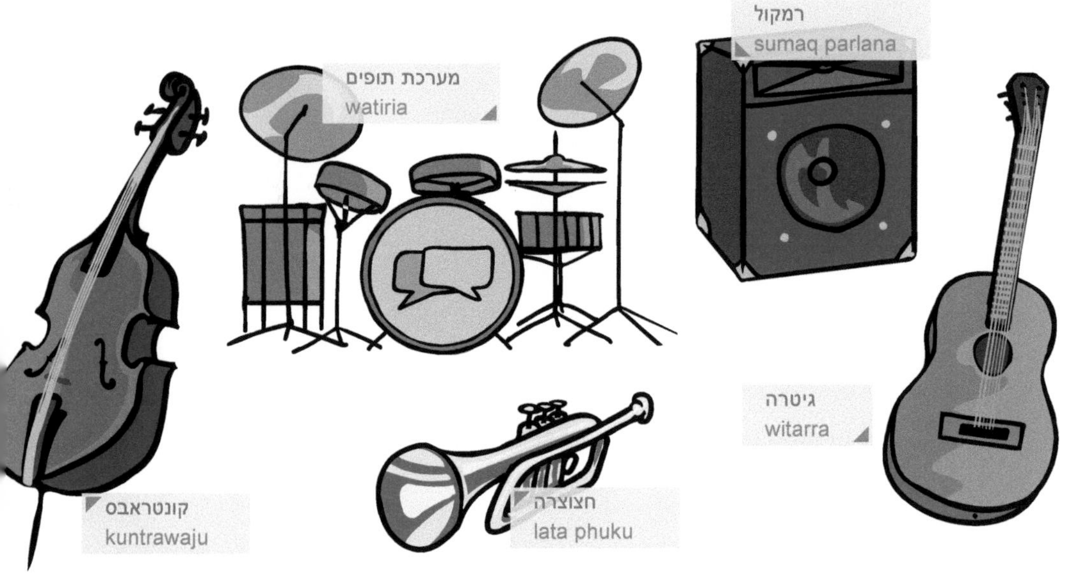

רמקול
sumaq parlana
מערכת תופים
watiria
גיטרה
witarra
קונטראבס
kuntrawaju
חצוצרה
lata phuku

פסנתר

pianu

כינור

wiulin

בס

waju

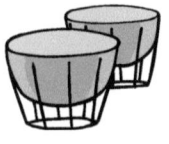

תוף הדוד

tinwalis

תופים

wankar

מקלדת פסנתר

tikladu

סקסופון

saksu

חליל

phukuna

מיקרופון

mikrufunu

# גן חיות

## jatun uywa kancha

כניסה
yaykuna
נמר
uthurunku
כלוב
ch'iwa
זברה
siwra
מזון לחיות
uywa mikhunan
פנדה
panda

בעלי חיים
..................
uywa

פיל
..................
ilijanti

קנגרו
..................
kanguru

קרנף
..................
rinusirunti

גורילה
..................
gurila

דוב
..................
jukumari

גמל

kamillu

יען

suri

אריה

puma

קוף

k'usillu

פלמינגו

pariwana

תוכי

q'ichichi

דוב הקרח

pular jukumari

פינגווין

pinwinu

כריש

tiwurun

טווס

pawu

נחש

katari

תנין

kukuwurilu

שומר גן החיות

jatun uywa kancha arariwa

כלב ים

fuka

יגואר

uthurunku

סוס פוני

puni

לאופרד

lliwpardu

היפופוטאם

hipuputamu

ג'ירפה

jirafa

נשר

anka

חזיר בר

sintiru

דג

challwa

צב

turtuga

סוס ים

mursa

שועל

atuq

איילה

gacila

# ספורט

# atipanaku pukllay

רכיבת אופניים
siklu rumpiy
טניס
tenis
כדורסל
isanka papawki
שחיה
wat'aku
הוקי
joki
אגרוף
ñuk'anaku

כדורגל

papawki pukllay

בדמינטון

watmintun

אתלטיקה

lanlak

כדור-יד

kakcha

עשה סקי

iski

פולו

pulu

# פעילויות

## ruwakuna

צחק
asiy
קפץ
phinkiy
חיבק
mak'alliy
הלך
puriy
שר
takiy
חלם
musquy
התפלל
mañakuy
נשק
much'ay

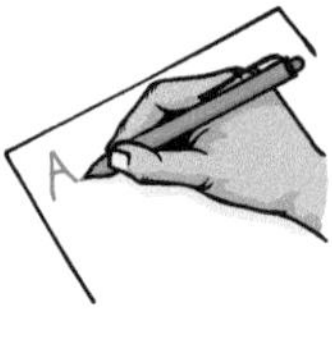

כתב
qillqay

צייר
t'iktuy

הראה
qhawachiy

דחף
tanqay

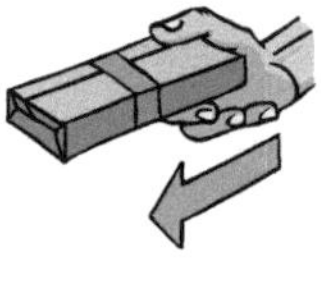

נתן
quy

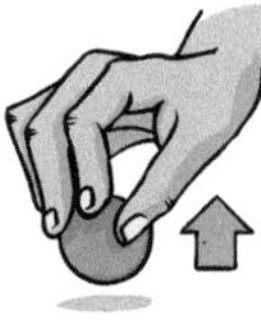

לקח
uqhariy

יש / להיות הבעלים

yuq

עשה

ruway

היה

kay

עמד

sayay

רץ

t'ijuy

משך

chuqay

זרק

chuqay

נפל

urmay

שכב

siriy

חיכה

suyay

סחב

apay

ישב

chukuchiy

התלבש

p'achachakuy

ישן

puñuy

התעורר

rikch'ay

| הסתכל ב- | בכה | ליטף |
|---|---|---|
| qhaway | waqay | waylluy |

| סירק | דיבר | הבין |
|---|---|---|
| sikray | rimay | unanchay |

| שאל | שמע | שתה |
|---|---|---|
| tapuy | uyariy | upyay |

| אכל | סידר | אהב |
|---|---|---|
| mikhuy | kamachiy | khuyay |

| בישל | נהג | עף |
|---|---|---|
| wayk'uy | q'iwiy | phaway |

שט
wamp'uy

חישב
yupanchay

קרא
ñawiriy

למד
yachay

עבד
llamk'ay

התחתן
sawaray

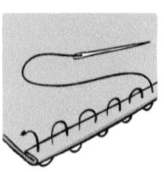

תפר
siray

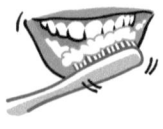

צחצח שיניים
kiru khitukuy

הרג
wanchiy

עישן
pitay

שלח
kachay

סבתא
jatun mama
סבא
jatun tata
אבא
tata
אימא
mama
תינוק
wawa
בת
warmi wawa/ ususi
בן
qhari wawa/ churin

אורח
jamuynisqa

דודה
ipa

דוד
kaki

אח
tura/wawqi

אחות
ñaña/pana

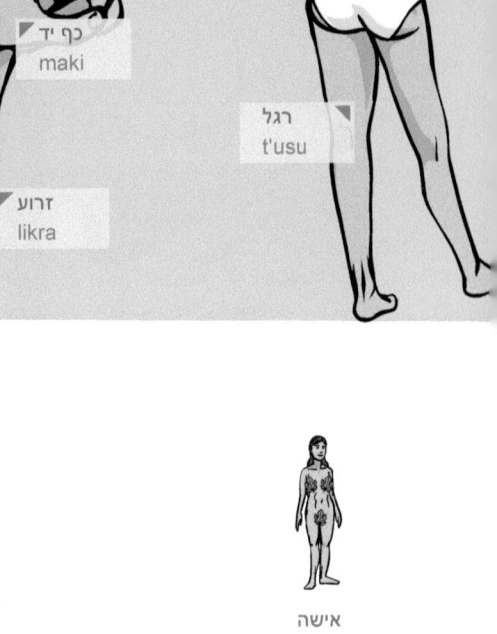

# גוף

# uqhu

מצח
mat'i
עין
ñawi
כתף
likra
אצבע
ruk'ana
פנים
uya
סנטר
sunkha
כף יד
maki
רגל
t'usu
חזה
qhasqu
זרוע
likra

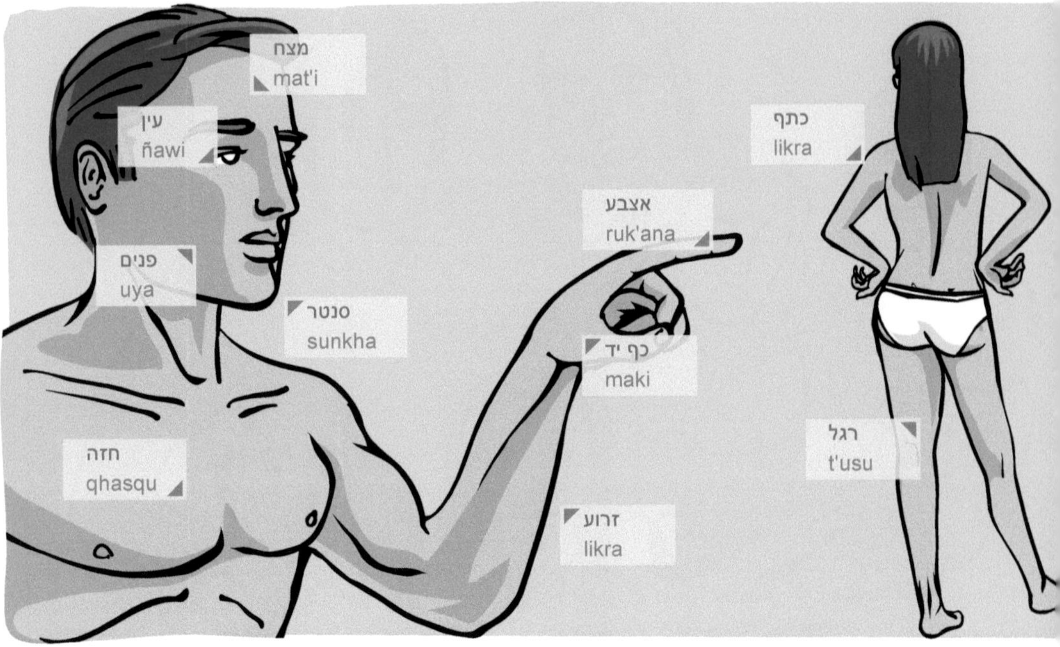

תינוק
wawa

איש
qhari

אישה
warmi

ילדה
sipas

ילד
yuqalla

ראש
uma

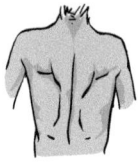

גב
wasa

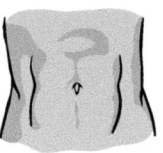

בטן
wisa ukhu

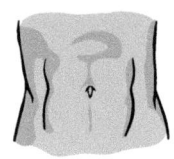

טבור
pupu

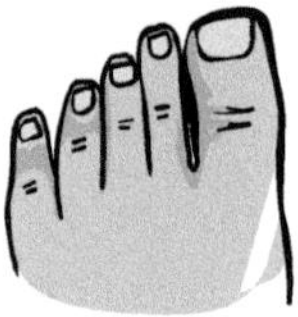

אצבע
ruk'ana

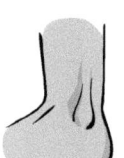

עקב
takillpa

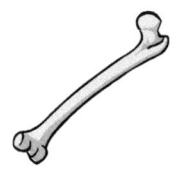

עצם
tullu

ירך
chaka

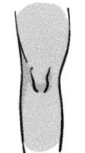

ברך
muqu

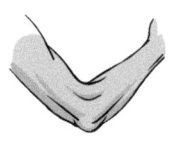

מרפק
maki muqu

אף
sinqa

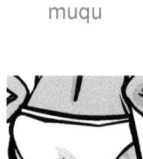

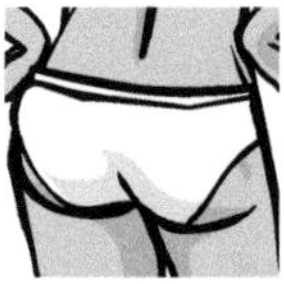

עכוז
siki

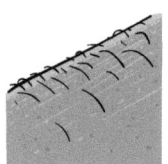

עור
qara

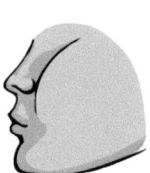

לחי
k'aqlla

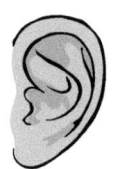

אוזן
linri

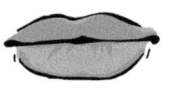

שפתיים
sipri

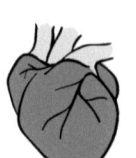

פה

simi

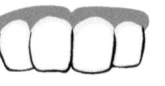

שן

kiru

לשון

qallu

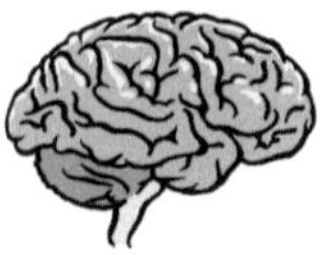

מוח

ñuqtu

לב

sunqu

שריר

mach'i

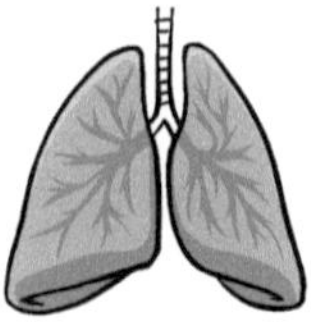

ריאה

surq'an

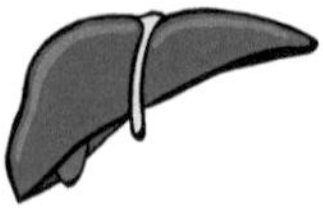

כבד

k'iwicha

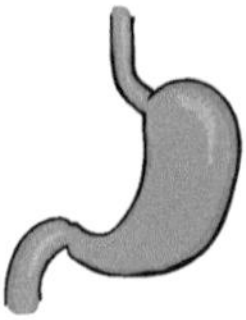

קיבה

wisa

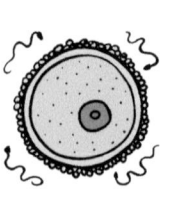

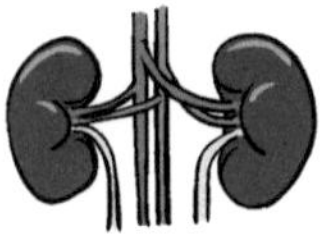

כליות

wasa ruru

מין

lluq'anaku

קונדום

condon

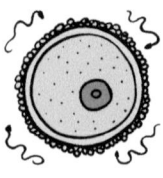

ביצית

ch'uytu

זרע

yuma

הריון

wiksayuq kay

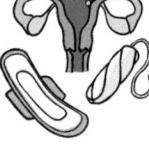

ווסת

k'ikuy

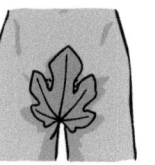

נרתיק

rakha

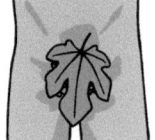

פין

ullu

גבה

qhichira

שיער

chukcha

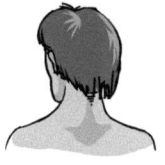

צוואר

kunka

# בית חולים
# Jampina wasi

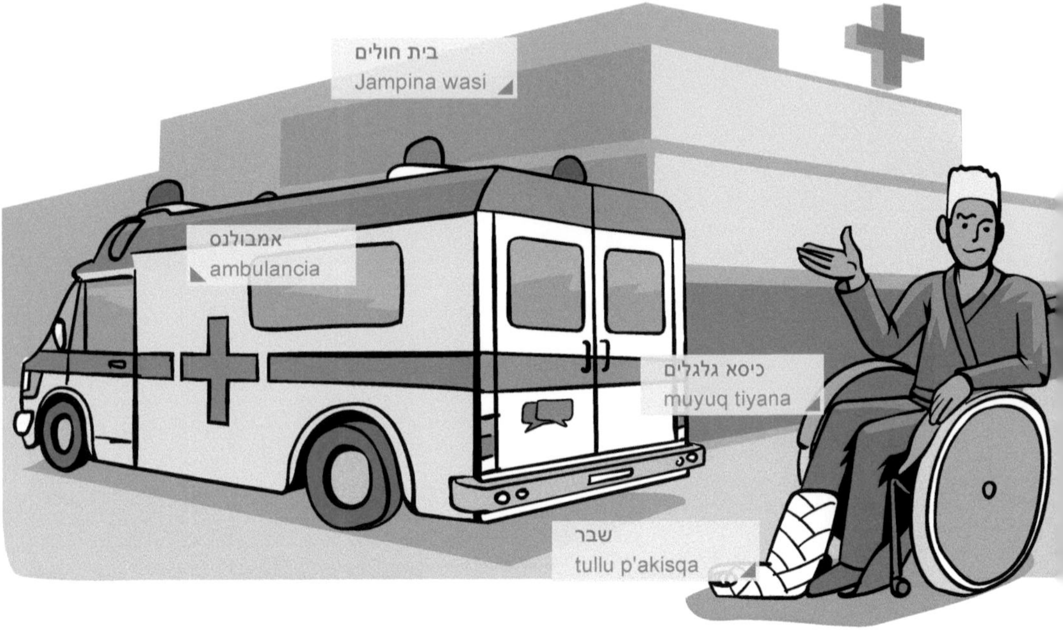

בית חולים
Jampina wasi
אמבולנס
ambulancia
כיסא גלגלים
muyuq tiyana
שבר
tullu p'akisqa


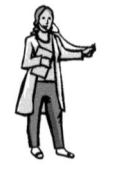

רופא

jampi kamayuq

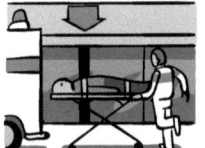

חדר מיון

urgencia wasi

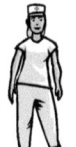

אחות

jampi yanapaq

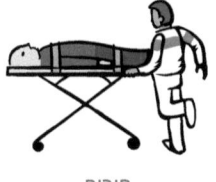

חירום

urjinsia

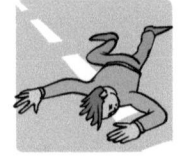

חסר הכרה

mana yuyayniyuqchu

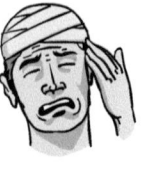

כאב

nanay

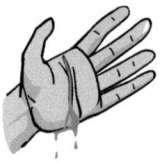

פציעה
ñuti

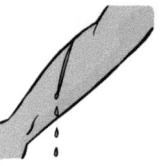

דימום
sirk'ay

התקף לב
infarto

שבץ
wayra

אלרגיה
millachikuq

שיעול
ch'uju

חום
k'aja unquy

שפעת
p'urqi

שלשול
q'icha

כאב ראש
uma nanay

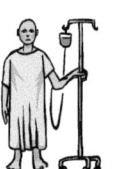

סרטן
isqu unquy

סוכרת
diyawitis

מנתח
jampi kamayuq

אזמל
bisturi

ניתוח
upirasiun

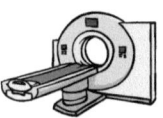

סי-טי
TAC

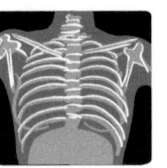

רנטגן
tullurikuchi

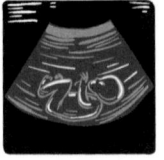

אולטרסאונד
ultrasunidu

מסיכת פנים
jark'ana

מחלה
unquy

חדר המתנה
suyanapaq k'illi wanlla

קבה
tawna

פלסטר
tinta

תחבושת
manku

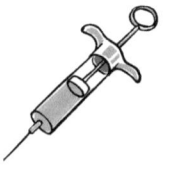

זריקה
inyiksiun

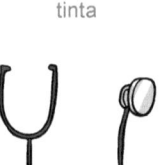

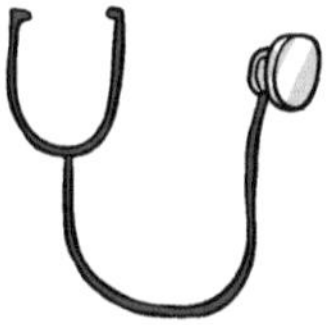

סטטוסקופ
istituskupiu

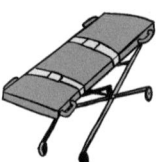

אלונקה
kallapu

מד חום
llaphi tupuna tupu

לידה
paqarisqa

עודף משקל
wirachasqa

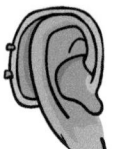

מכשיר שמיעה

audifono

מחטא

disinjiktanti

זיהום

q'iyacha

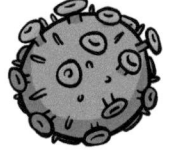

נגיף

miyu

איידס

VIH / SIDA

תרופה

jampi

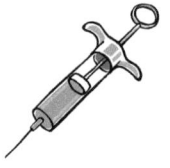

חיסון

wakuna

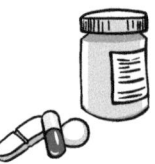

טבליות

tawlitakuna

גלולה

pastilla

קריאת חירום

usqay waqyana

מד לחץ דם

tinsiumitru

חולה / בריא

unqusqa / qhali

# חירום

## urjinsia

פשיטה

manchay

אזעקה

alarma

הצילו!

¡Yaw!

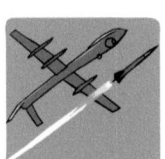

יציאת חירום

punku utqay lluqsinapaq

סכנה

chhiki

תקיפה

waykha

תאונה

ñak'ariy

מטף כיבוי

nina wañichiq

אש!

¡Nina!

משטרה

pulisiya

הצילו!

SOS

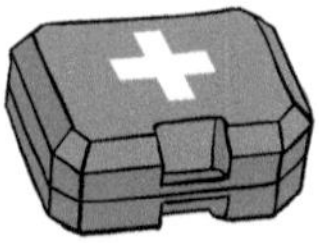

ערכת עזרה ראשונה

botiquin de primeros auxilios

אירופה

Iwrupa

צפון אמריקה

Chincha Amerika

דרום אמריקה

Qulla Amerika

אפריקה

Ajurika

אסיה

Asia

אוסטרליה

Awstralia

האוקיינוס האטלנטי

Atlantiku

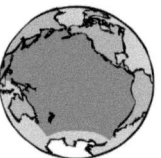

האוקיינוס השקט

Pasijiku

האוקיינוס ההודי

Indiku mama qucha pacha

האוקיינוס האנטרקטי

Antartiku mama qucha pacha

האוקיינוס הארקטי

Artiku mama qucha pacha

הקוטב הצפוני

chincha pulu

הקוטב הדרומי

qulla pulu

אנטארקטיקה

Antartida

כדור הארץ

Pacha

אדמה

jallp'a

ים

mama qucha

אי

tara

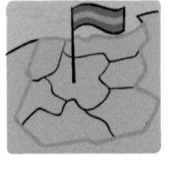

לאום

llaqta

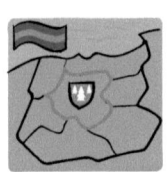

מדינה

Suyu

# שעון

## phani (kuna)

פני השעון

muruq'u

מחוג השעות

phani tuqsiq

מחוג הדקות

chininiq

מחוג השניות

ch'ipu yupaq

מה השעה?

¿Ima phanitaq?

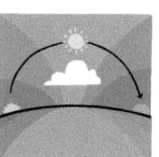

יום

p'unchaw

זמן

pacha

עכשיו

kunan

שעון דיגיטלי

dijital inti watana

דקה

chinini

שעה

phani

# שבוע
# qanchischaw

יום שני
killachaw
יום שלישי
atichaw
יום רביעי
quyllurchaw
W
יום חמישי
illpachaw
יום שישי
ch'askachaw
יום שבת
k'uychichaw
יום ראשון
intichaw

אתמול

qayna

היום

kunan

מחר

p'unchaw

בוקר

p'unchaw

צהריים

chawpi p'unchaw

ערב

sukha

ימי עבודה

llamk'ana p'unchawkuna

סוף שבוע

tukuq qanchischawnin

# שנה

# wata

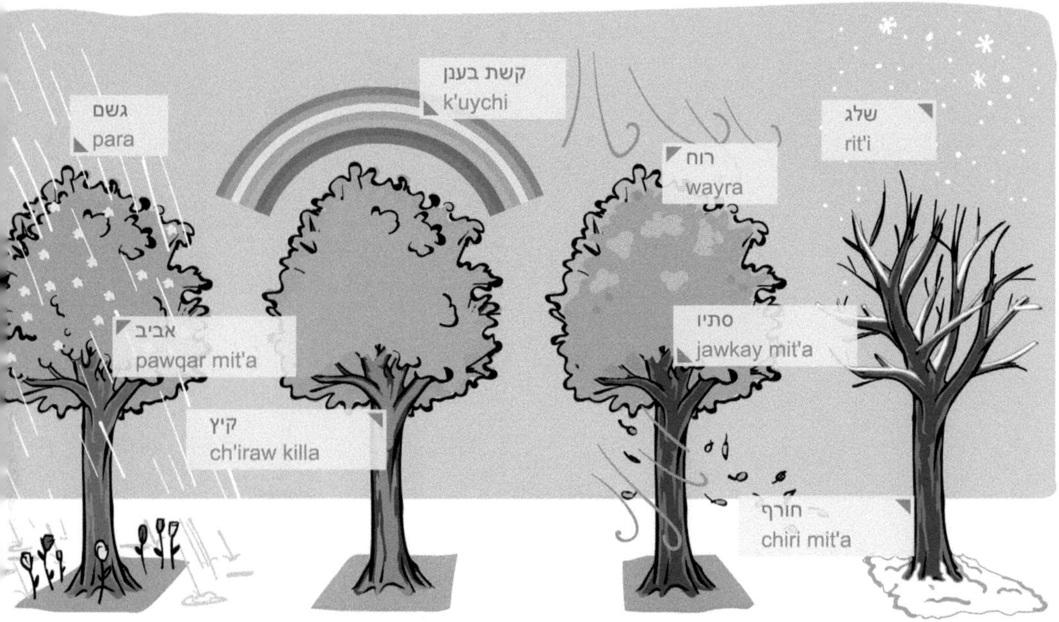

גשם
para
קשת בענן
k'uychi
רוח
wayra
שלג
rit'i
אביב
pawqar mit'a
סתיו
jawkay mit'a
קיץ
ch'iraw killa
חורף
chiri mit'a


4.APRIL 11°
5.APRIL 4°
6.APRIL 13°
7.APRIL 8°
8.APRIL 10°


תחזית מזג האוויר

inti raki

F
C
120
90
60
30
0
-30
40
30
20
10
0
-10
-20


מד חום

tirmumitru

אור שמש

inti

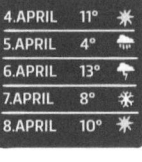

ענן

phuyu

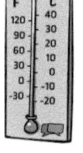

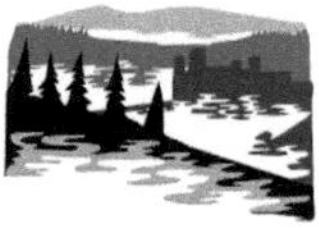

ערפל

phuyu

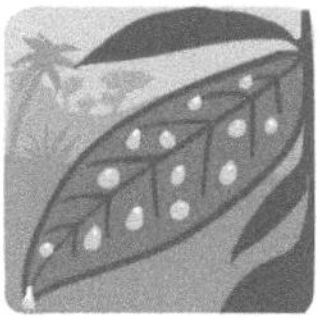

לחות

juq'u

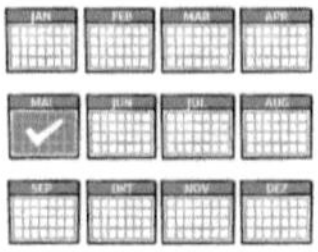

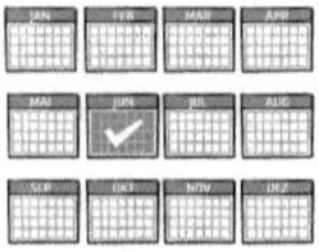

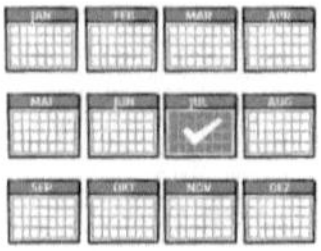

ברק
illapa

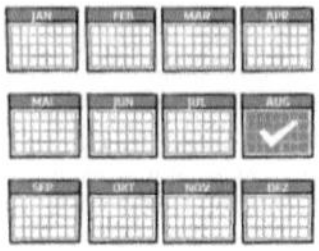

רעם
illapa

סערה
tamya

ברד
chikchi

רוח עונתי
muyuq wayra

שיטפון
lluqlla

קרח
chullunka

ינואר
qhaqmiy killa

פברואר
jatunpuquy killa

מרץ
pachapuquy killa

אפריל
ariwaki killa

מאי
aymuray killa

יוני
jawkaykuskuy killa

יולי
chakrakunakuy killa

אוגוסט
chakraypuy killa

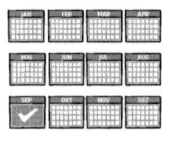

ספטמבר
.................
tarpuy killa

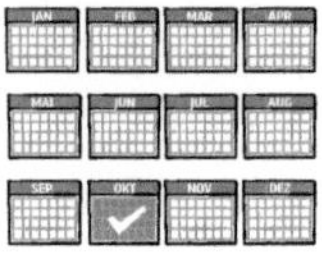

אוקטובר
.................
pawqarwara killa

נובמבר
.................
ayamarq'ay killa

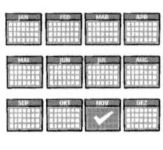

דצמבר
.................
qhapaq inti raymi killa

## צורות

## pacha tupusqa rikch'ay

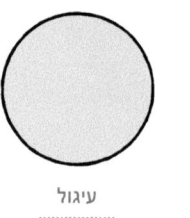

עיגול
.................
muyu yupa

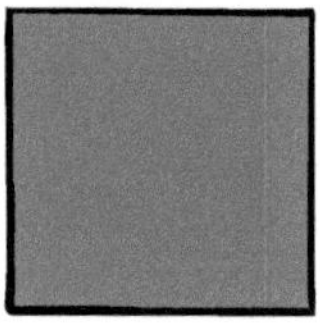

מרובע
.................
tawak'uchu yupa

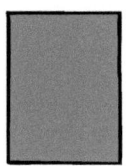

מלבן
.................
sayt'u yupa

משולש
.................
kimsa k'uchu yupa

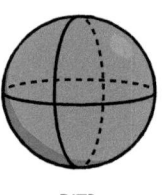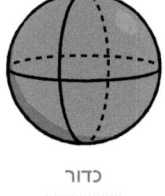

כדור
.................
muruq'u

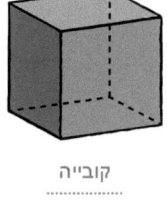

קובייה
.................
yupa wayru

# צבעים
## llimp'ikuna

לבן
yurak

צהוב
q'illu

כתום
willapi

ורוד
panti

אדום
puka

סגול
kulli

כחול
anqas

ירוק
q'umir

חום
ch'umpi

אפור
uqi

שחור
yana

# הפכים

## wakjinakuna

יפה / מכוער

k'acha / millay

כועס / רגוע

phiña / qhasi

הרבה / מעט

achkha / pisi

בהיר / כהה

sut'i / tuta

גדול / קטן

jatun / juch'uy

התחלה / סוף

qallariy / tukuy

שלם / חלקי

junt'asqa / mana junt'asqa

נקי / מלוכלך

llimphu / ch'ichi

אח / אחות

wawqi / pana

רחב / צר

chhuqu / k'ichki

מת / חי

wañusqa / kawsaq

יום /לילה

p'unchaw / tuta

אכיל / לא אכיל

mikhunapaq / mana
mikhunapaqchu

רשע / טוב לב

sakra / k'acha

מתרגש / משועמם

kusisqa / majisqa

שמן / רזה

rakhu / tullu

ראשון / אחרון

ñawpaq / qhipa

חבר / אויב

masi / awqa

מלא / ריק

junt'a / ch'in

קשה / רך

k'urki / llamp'u

כבד / קל

llasa / chhalla

רעב / צמא

yarqhay / ch'akiy

חולה / בריא

unqusqa / qhali

בלתי-חוקי / חוקי

chanin / mana chanin

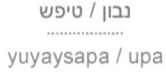

נבון / טיפש

yuyaysapa / upa

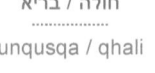

שמאל / ימין

lluq'i / paña

קרוב / רחוק

qaylla / karu

חדש / משומש

musuq / mawk'a

כלום / משהו

ch'usaq / imapis

זקן / צעיר

machu / wayna

פעיל / כבוי

jap'isqa / wanchisqa

פתוח / סגור

kichasqa / wisq'asqa

שקט / רועש

ch'in / ch'aqwa

עשיר / עני

qhapaq / wakcha

נכון / שגוי

chiqan / mana chiqan

מחוספס / חלק

qhachqa / llamp'u

עצוב / שמח

llakisqa / kusi

קצר / ארוך

k'aka / karu

איטי / מהיר

jayra / utqay

רטוב / יבש

juq'u / ch'aki

חם / קר

rupha / chiri

מלחמה / שלום

awqay / sunqu tiyakuy

# מספרים
## yupaykuna

| | | |
|---|---|---|
| 0 | 1 | 2 |
| אפס | אחת | שתיים |
| ch'usak | uk | iskay |
| 3 | 4 | 5 |
| שלוש | ארבע | חמש |
| kimsa | tawa | phichqa |
| 6 | 7 | 8 |
| שש | שבע | שמונה |
| suqta | qanchis | pusaq |
| 9 | 10 | 11 |
| תשע | עשר | אחת-עשרה |
| jisq'un | chunka | chunka ukniyuq |

**12**

שתים-עשרה

chunka iskayniyuq

**13**

שלוש-עשרה

chunka kimsayuq

**14**

ארבע-עשרה

chunka tawayuq

**15**

חמש-עשרה

chunka phichkayuq

**16**

שש-עשרה

chunka suqtayuq

**17**

שבע-עשרה

chunka qanchisniyuq

**18**

שמונה-עשרה

chunka pusaqniyuq

**19**

תשע-עשרה

chunka jsq'unniyuq

**20**

עשרים

iskay chunka

**100**

מאה

pacha

**1.000**

אלף

waranqa

**1.000.000**

מיליון

junu

# שפות

## simikuna

אנגלית

..................

inklis simi

אנגלית אמריקאית

..................

amerikanu inklis simi

סינית מנדרינית

..................

mandarin chinu simi

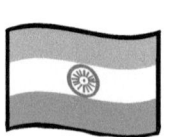

הודית

..................

jindi simi

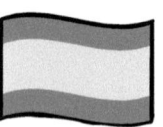

ספרדית

..................

castilla simi

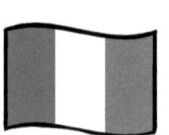

צרפתית

..................

fransis simi

ערבית

..................

arabia simi

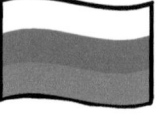

רוסית

..................

rusia simi

פורטוגזית

..................

purtugal simi

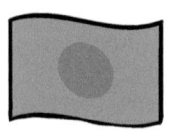

בנגלית

..................

bingali simi

גרמנית

..................

alimania simi

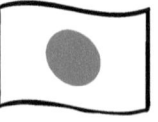

יפנית

..................

japun simi

# מי / מה / איך
## pi / ima / imayna

אני

ñuqa

אתה / את

qam

הוא / היא / זה

pay / pay / chay

אנחנו

ñuqanchik

אתם

qamkuna

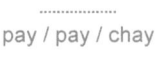

הם

paykuna

?מי

¿pitaq?

?מה

¿imataq?

?איך

¿imaynataq?

?איפה

¿maypitaq?

?מתי

¿mayk'aq?

שם

suti

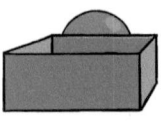

# איפה
## maypi

מאחור

qhipa

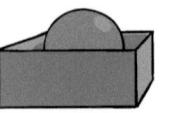

בתוך

pi

לפני

ñawpaq

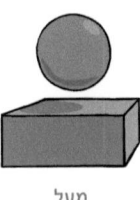

מעל

pantanpi

על

pata

מתחת

uranpi

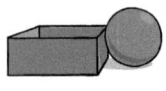

ליד

kuska

בין

chawpi

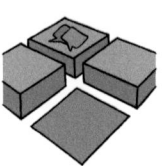

מקום

chiqan